BEI GRIN MACHT SICH IHR WISSEN BEZAHLT

Rekrutierung im Arbeitnehmermarkt. Candidate Experience, systematische Rekrutierung und wissenschaftliche Evaluation

GRIN

Bibliografische Information der Deutschen Nationalbibliothek:

Die Deutsche Nationalbibliothek verzeichnet diese Publikation in der Deutschen Nationalbibliografie; detaillierte bibliografische Daten sind im Internet über http://dnb.d-nb.de abrufbar.

ISBN: 9783346400222
Dieses Buch ist auch als E-Book erhältlich.

Das Buch bei GRIN: https://www.grin.com/document/1010692

Einsendeaufgabe

Abgegeben am: 17.05.2020

SRH Fernhochschule

Modul: Personalpsychologie und Eignungsdiagnostik

Studiengang: Wirtschaftspsychologie (B.Sc.)

Inhaltsverzeichnis

Abkürzungsverzeichnis

o. D.   ohne Datum

S.   Seite

z. B.   zum Beispiel

Abbildungsverzeichnis

Vermerk

In dieser Arbeit wird aus Gründen der besseren Lesbarkeit das generische Maskulinum verwendet. Weibliche und anderweitige Geschlechteridentitäten werden dabei ausdrücklich mitgemeint, soweit es für die Aussage erforderlich ist.

1   Aufgabe

Der Arbeitsmarkt hat sich von einem Arbeitgebermarkt zu einem Arbeitnehmermarkt gewandelt. Ein Arbeitnehmermarkt bedeutet, dass die Anzahl der ge-
eigneten Fachkräfte nicht mit der Anzahl offener Stellen korrespondiert. Bisher
konnten Arbeitgeber aus einer Vielzahl an Bewerbern wählen, aktuell und zukünftig konkurrieren nur noch wenige Bewerber um eine Stelle. Dies hat zu einem verstärkten Konkurrenzkampf um die besten Bewerber und potenziellen
Mitarbeiter geführt, der oftmals als „War for Talent" bezeichnet wird. Für den
Arbeitnehmer stellt dies eine bequeme Situation dar. Unternehmen hingegen
müssen gute Gründe finden, warum sich Bewerber für sie entscheiden sollten.
Talentierte Mitarbeiter können nicht nur für einen Wettbewerbsvorteil sorgen,
sondern sind erfolgsentscheidend für Unternehmen geworden (Michaels, Handfield-Jones & Axelrod, 2001, S. 7).

Gerade bei qualifizierten Fachkräften ist in bestimmten Regionen und Branchen
ein Mangel entstanden. Die Gründe für diesen Wandel sind vielschichtig. Der
demografische Wandel (Veränderung der Bevölkerungsstruktur), ein zuneh-
mender globaler Wettbewerb, ein steigender Bedarf an qualifizierten Arbeitskräften und zu wenig Absolventen in den MINT-Berufen (Tätigkeiten im Feld der
Mathematik, Informatik, Naturwissenschaften und Technik) sind nur einige der
Faktoren (Bundesministerium für Wirtschaft und Energie, o. D.).

Hinzu kommt auch ein gesellschaftlicher Wertewandel, der mit einer gesteiger-
ten Anforderung an die berufliche Tätigkeit und deren Umfeld einhergeht. Die
Arbeitnehmer von heute suchen eine Sinnhaftigkeit in der Beschäftigung, die
Spaß macht, sich in die Work-Life-Balance einordnen lässt und zur Entfaltung
der eigenen Lebensvorstellung passt. Auch sehen sie in einem langfristigen
Engagement in einem Unternehmen keinen Vorteil mehr. Im Vergleich dazu,
hatte die Erwerbstätigkeit im Verständnis von älteren Generationen noch eine
anders gelagerte Rolle inne (Michaels, Handfield-Jones & Axelrod, 2001, S. 7).
Für Unternehmen bedeutet dies, sich auf unterschiedlich gelagerte Ansprüche
von Bewerbern und Beschäftigten, innerhalb der Einzelnen im Unternehmen
tätigen Generationen, einzustellen zu müssen.

Wie der Mangel an Fachkräften wahrgenommen wird ist sehr stark von der befragten Branche abhängig. Es gibt einige unterschiedliche Ansichten zu dem Thema, wie weit der Fachkräftemangel vorangeschritten ist und wie er sich zukünftig auswirken wird. Folgende Abbildung dient der Veranschaulichung und zeigt auch, dass gerade im Gesundheitswesen (Altenpflege und Pflege) und in hoch qualifizierten Bereichen, wie Maschinenbau und ITK (Informations- und Kommunikationstechnik), Fachkräfte gefragt sind.

Einstufung als problematisch: Werte ≥ 60

Basis: n = 1.000
(alle Befragten)

Abbildung 1: Anteil der Befragten, die den Fachkräftemangel als problematisch einschätzen
(Quelle: Hays, 2019, S. 12)

Die Besetzbarkeit von offenen Stellen ist gesunken. So bleibt inzwischen fast jede zehnte offene Stelle unbesetzt. Bei IT-Unternehmen können sogar 15,5% der Stellen gar nicht besetzt werden. In Anbetracht, dass ca. 13,4% der Mitarbeiter in den nächsten Jahren altersbedingt das Unternehmen verlassen, wird die Situation noch verschärft (Weitzel et al., 2019, S. 5). Zwar Schwanken diese Angaben etwas, je nach gewählter Studie, den Trend in dieselbe Richtung zeigen aber alle.

Der War for Talents ist für Unternehmen zu einer Herausforderung geworden und die damit verbundene Fähigkeit, Stellen nicht adäquat zu besetzen, zu einem Risikofaktor. Diesem kann nur durch gezielte und strukturierte Maßnahmen begegnet werden. Hierzu zählt unter anderem das „Candidate Experience Management". Es zeigt, dass sich Recruiting, vom „Einkaufen" von Arbeitskräften in den letzten Jahren hin zum gezielten personenbezogenen „Marketing" gewandelt hat. Unternehmen planen inzwischen ihre Firmenstrategie darauf auf qualifizierte Mitarbeiter zu finden und langfristig binden zu können (Michaels, Handfield-Jones & Axelrod, 2001, S. 16).

„Candidate Experience" ist ein Begriff, der in den letzten Jahren in der Human Resources Branche entstanden ist und sich aus dem Bereich der Customer Experience bzw. des Customer Experience Managements heraus abgeleitet hat. Unter Candidate Experience werden alle individuellen Wahrnehmungen und Erfahrungen zusammengefasst, die Bewerber während der Bewerbungsphase mit einem Unternehmen sammeln. Dazu zählen alle individuell in diesem Kontext, durch Berührungspunkte gesammelten Erfahrungen, die in personaler und non-personaler Form erlebt werden (Verhoeven, 2016, S. 11). Das Candidate Experience Management bezieht sich auf die aktive Gestaltung aller Kontaktpunkte, die ein Bewerber mit einem Unternehmen hat. Ziel dabei ist es einen positiven Gesamteindruck zu hinterlassen (Verhoeven, 2016, S. 11, 12).

Der Vollständigkeit halber muss die „Candidate Journey" erwähnt werden, da beide nicht unabhängig voneinander betrachtet werden können. Die Candidate Journey beschreibt „[...] den Zeitraum, innerhalb dessen die Candidate Experience gesammelt wird. Dieses Journey richtet sich nach dem persönlichen Empfinden der Kandidaten und nicht nach denen, durch das Unternehmen definierten Prozessschritte einer Bewerbung. Sie beginnt mit dem ersten Kontakt zu einem potenziellen Arbeitgeber und schließt mit dem Ende der Einarbeitungsphase ab (Ullah & Ullah, 2015, S. 8)." Bei Candidate Journey handelt es sich nicht mehr um einen linearen Prozess der festgelegten Kontaktpunkten folgt. Durch die Digitalisierung ist die Candidate Journey unter anderem digitaler, schneller und individueller geworden (Verhoeven, 2020, S. 55, 56). In Aufgabe zwei werden die einzelnen Segmente von Candidate Journey näher beschrieben.

Jeder Kandidat erlebt Candidate Journey aufgrund der vielfach möglichen Touchpoints individuell. Hierauf baut auch das „Candidate Experience Management" auf, bei dem es um die systematische Steuerung und aktive Gestaltung von Erlebnissen innerhalb des Bewerbungsprozesses geht. Das Hauptziel ist, einen positiven Gesamteindruck zu hinterlassen und im Mittelpunkt steht das Erleben des Bewerbers (Verhoeven, 2016, S. 12).

Grundlegend stehen hier auch die Ideen von Marketing und Vertrieb im Mittelpunkt. Ein Unternehmen muss als Produkt in Zukunft auch seine zu besetzenden Stellen verkaufen. Ziel ist es, das Kandidaten den Bewerbungsprozess abschließen, unabhängig von dessen Ergebnis, positiv über das Unternehmen sprechen und ggf. eine Empfehlung geben, was zum Ausbau der Marke als Arbeitgeber und generell einem positiven Unternehmensimage führen kann. Kandidaten geben sowohl positive (mit 87,5%) als auch negative Erfahrungen (mit 83,3%), die sie während ihrer Candidate Journey gemacht haben weiter (Weitzel et al., 2019, S. 27). In einigen Studien konnte auch gezeigt werden, dass es einen Zusammenhang zwischen der Arbeitgeberattraktivität und der Produktattraktivität gibt. In der Employer Branding Studie von 2019 wurden über 3.300 Kandidaten befragt, die zur Hälfte angaben, dass eine negative Erfahrung in der Candidate Journey zu einer geringeren Kaufwahrscheinlichkeit des hergestellten Produktes führt (Weitzel et al., 2019, S. 10). Dieses Beispiel zeigt die allumfassende Wichtigkeit für Unternehmen sich mit der Thematik auseinander zu setzen.

Zwischen den Erwartungen und Bedürfnissen der Bewerber und den Unternehmen entstehen oftmals Diskrepanzen. In mehreren Studien und Befragungen wurden untersucht, was Bewerber erwarten und in wieweit Unternehmen diese Erwartungen erfüllen. Nachfolgend soll ein Überblick über einige dieser unterschiedlichen Erwartungen und Bedürfnisse dargestellt werden. Diese Darstellung ist keineswegs vollständig, die Komplexität des Themas würde den Umfang dieser Arbeit sprengen. Dies zeigt aber auch, wie komplex und vielschichtig dieses Thema ist.

Bei Bewerbern wird die E-Mail als Form der Bewerbung bevorzugt (Eisele & Weller-Hirsch, 2014). Wohingegen Unternehmen Online-Formulare (Webformular) präferieren. Nach der Studie der Online-Stellenbörse Monster sogar 72,3% (Weitzel et al., 2015). One-Click-Bewerbungen, die auf Profile von *Xing* oder *LinkedIn* zurückgreifen, würden von jedem zweiten Bewerber gerne genutzt (Athanas & Wald, 2014).

Nach der „Online-Recruiting Studie 2014" von Wiesele und Weller-Hirsch konnten sich nur ca. 56% der Bewerber mit der Formularbewerbung anfreunden. Hintergrund dieser Bevorzugung mag sicher auch eine IT-gestützte Kandidatenvorauswahl sein. In der immer digitaler werdenden Welt hat auch die IT keinen Halt vor der Personalindustrie gemacht. Inzwischen haben die ersten Chat-Bots Einzug in den Bewerbungsmarkt gefunden. Allerdings stehen Bewerber diesen neuen Möglichkeiten von künstlicher Intelligenz auch skeptisch gegenüber. Laut einer Studie würden nur ca. jeder fünfte Bewerber gerne von einem Algorithmus (vor) ausgewählt werden, anstelle von einem Mitarbeiter aus der Personalabteilung (Weitzel et al., 2019, S. 13)

Einer der wichtigsten Faktoren im Bewerbungsverfahren werden immer wieder die Rückmeldung bzw. die Zeitspanne, bis diese erfolgt, genannt. Die meisten Bewerber finden eine Wartezeit, die sieben Tage überschreitet, als inakzeptabel. Außerdem möchten sie sich auch nicht länger als 30 Minuten mit einer Online Bewerbung auseinandersetzen (Eisele & Weller-Hirsch, 2014).

Bei anonymen Bewerbungen sind sich Unternehmen und Kandidaten einig. Mehr als die Hälfte der Kandidaten möchte sich nicht anonym bewerben und auch 89.3% der Top-1.000-Unternehmen bieten dies nicht an bzw. haben dies auch nicht vor (Weitzel et al., 2019, S. 12). Interessant ist folgende Diskrepanz: „Nur 35,6 Prozent der Unternehmen betrachten das Vorstellungsgespräch als Möglichkeit, ein Assessment-Center durchzuführen – allerdings sieht das knapp drei Viertel der Kandidaten so (Weitzel et al., 2019, S. 15)." Außerdem sind sich Unternehmen und Kandidaten mit über 90% einig, dass der Zweck eines Vorstellungsgespräches darin besteht, sich gegenseitig kennenzulernen (Weitzel et al., 2019, S. 15).

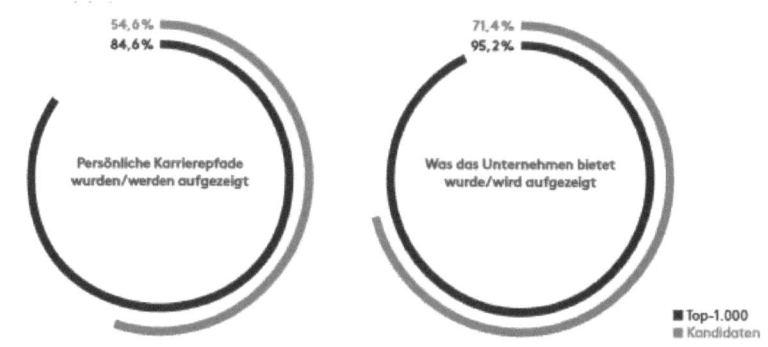

Abbildung 2: Aussage von Unternehmen und Kandidaten bzgl. Vorstellungsgesprächen
(Quelle: Weitzel et al., 2019, S. 16)

11

Auch die Abbildung zwei zeigt wie unterschiedlich die Meinungen der Kandidaten und Unternehmen zur Vollständigkeit von Vorstellungsgesprächen sind. Das Vorstellungsgespräch, als Teil des Candidate Journey, ist weniger eine Bittstellung des Kandidaten, als vielmehr ein gegenseitiges Vorstellen und Vergleichen einer möglichen Zusammenarbeit. Hinzu kommt, dass 85% der Kandidaten angeben, dass die durch persönlichen Kontakt gewonnenen Eindrücke eine bedeutende Entscheidungsgrundlage für oder gegen einen Arbeitgeber darstellen (Athanas & Wald, 2014).

Die nachfolgende Abbildung zeigt eine Studie, die in Wien, Österreich durchgeführt wurde. Aufgrund der kulturellen Ähnlichkeit mit Deutschland lässt sich durchaus eine Übertragung der gewonnen Daten auf die Sicht der deutschen Arbeitgeber und Arbeitnehmer vornehmen.

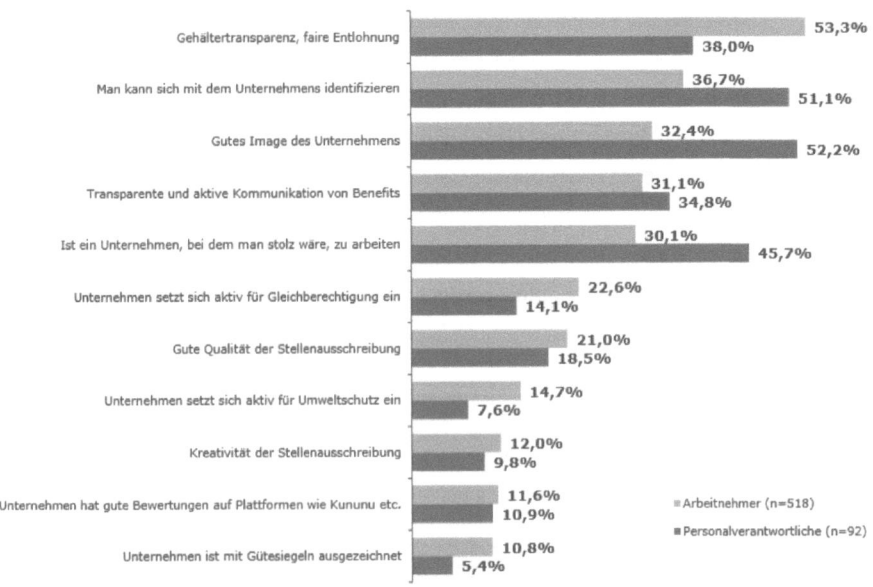

Wie wichtig sind bzw. wären Ihnen die folgenden Aspekte bei einem Unternehmen, bei dem Sie sich bewerben? ||
Wie wichtig sind Ihrer Einschätzung nach potentiellen Bewerbern die folgenden Aspekte bei einem Unternehmen?

Abbildung 3: Einschätzung Arbeitnehmer vs. Einschätzung von Arbeitgebern
(Quelle: Prandtner, & Schwabl, 2019)

Auch die unterschiedliche Gewichtung von Benefits, die diese und andere Studien aufzeigen, ist sehr interessant. So sehen beide Gruppen die Möglichkeit auf Home-Office mit 49,8% (Arbeitnehmer) und 50% (Arbeitgeber) als gleichwichtig an. Bei Sabbatical oder anderen Auszeiten sehen dies mit 33.6% die Arbeitnehmer wichtiger an als die Personaler, die dies nur mit 15.2% gewichten (Prandtner, & Schwabl, 2019).

Angesichts des aktuellen Arbeitsmarktes kann für Unternehmer die Auseinandersetzung, mit dem, was Kandidaten und zukünftige Mitarbeiter als wichtig erachten, erfolgsentscheidend sein. Dies stellt diese vor neuen Herausforderungen, da auch das Candidate Experience Management auch keine finale Lösung darstellt. Vielmehr handelt es sich um einen permanenten Prozess mit dem sich Unternehmen bewusst und gezielt auseinandersetzten müssen.

2 Aufgabe

Die Candidate Experience hat in den letzten Jahren an Bedeutung für Unternehmen gewonnen, gerade auch in Hinblick auf die in Aufgabe eins dargestellten Veränderungen am Arbeitsmarkt. Für das Personalmarketing bedeutet dies, dass die Candidate Experience zu einem unerlässlichen Baustein moderner Personalgewinnung geworden ist. Die Digitalisierung hat das Feld des Personalmarketings um Vielfaches erweitert. Webseiten wie *Xing, Kununu* und Plattformen wie *Youtube* bieten neue Möglichkeiten Kontakt mit (möglichen) Kandidaten aufzunehmen und eine moderne, individuelle und zielgerichtete Candidate Experience zu bieten. Für Unternehmen kann ein gezieltes Personalmarketing in Verbindung mit einer gelungenen Candidate Experience einen entscheidenden Vorteil im War for Talent bieten (Verhoeven, 2020, S. 65).

Die Candidate Journey stellt die Reise eines Bewerbers durch den Bewerbungsprozess dar, innerhalb der die gesammelten Erfahrungen, dessen Candidate Experience darstellen. Ziel innerhalb des Candidate Experience Management ist es daher einen positiven Gesamteindruck beim Bewerber zu hinterlassen. Umgesetzt werden kann dies nur durch eine aktive Gestaltung aller Kontaktpunkte des Bewerbers mit dem Unternehmen (Verhoeven, 2020, S. 54). Wie bereits in Aufgabe eins dargestellt, ist es inzwischen fast unerlässlich für Unternehmen geworden auf die Wünsche und Anforderungen des Bewerbers einzugehen, um erfolgreich neue Mitarbeiter zu gewinnen. Dabei werden die Grundlagen und Modelle des Customer Experience Managements für den Personalbereich übernommen und anstelle der Kundenbedürfnisse, die Bedürfnisse der Kandidaten in den Mittelpunkt gestellt (Ullah & Ullah, 2015, S. 9).

Die Candidate Journey ist „[...] die Summe an direkten und indirekten Touchpoints, über die ein Bewerber während des kompletten Prozesses mit einem Unternehmen in Berührung kommt (Verhoeven, 2016, S. 36)." Das Sechs-Phasen-Modell nach Verhoeven bildet einen theoretischen Idealprozess dieses Journey ab. Zur Vereinfachung ist diese Prozesskette in drei Hauptteile gegliedert: Vor dem Bewerbungsprozess, während des Bewerbungsprozesses und nach dem Bewerbungsprozess (Verhoeven, 2016, S. 36). Welche Gewichtung und Einteilung der einzelnen Phase zugeteilt wird, hängt von den Ansprüchen und Zielen des jeweiligen Unternehmens ab (Verhoeven, 2020, S. 56).

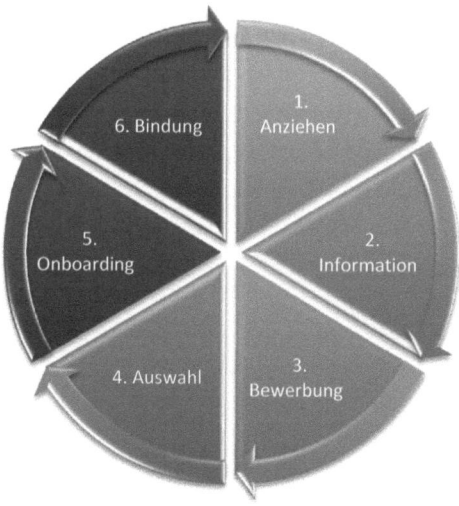

Abbildung 4: Das 6-Phasen Modell
(Quelle: Eigene Darstellung in Anlehnung an Verhoeven, 2020, S. 57)

Beispielhaft sollen die einzelnen Phasen nachfolgend erklärt und im Anschluss in Abbildung fünf eine Einordnung der Touchpoints dargestellt werden. Die Anziehungsphase beginnt schon an dem Punkt, an dem ein zukünftiger Bewerber auf ein Unternehmen aufmerksam wird (z.B. über eine Imageanzeige). Die Informationsphase über das Unternehmen beinhaltet heute in der Regel eine Onlinesuche. Der Webaufritt eines Unternehmens wird bewertet, aber auch Webseiten wie *LinkedIn, Xing* und *Kununu* werden in die Bewertung mit einbezogen. Hinzu kommt die Stellenbeschreibung und deren Darstellung und Inhalt. Innerhalb der Bewerbungsphase setzt sich der Kandidat mit den formalen Anforderungen der Bewerbung auseinander. In der Auswahlphase nimmt er an Bewerbungsgesprächen, Assessment-Centern etc. teil. Die Onboarding-Phase beinhaltet den gesamten Prozess von der Zusage bis zum ersten Tag. Die Bindungsphase beinhaltet das Erleben des Arbeitsaltages mit allen Personen (Verhoeven, 2016, S. 36; Verhoeven, 2020, S. 56, 57).

Die nachfolgende Abbildung zeigt typische Touchpoints (Berührungspunkte), die ein Bewerber mit dem potenziellen Arbeitgeber innerhalb der Candidate Journey hat, auf. Hinweisend wird noch erwähnt, dass es sich hierbei nur um einen Auszug an möglichen Touchpoints handelt. Je nach Kommunikationsart oder Bewerber(managment)system können diese variieren oder gar weiter untergliedert werden (Verhoeven, 2016, S.41). Es wird zwischen direkten und indirekten Kontaktpunkten unterschieden. Direkte Kontaktpunkte beinhalten unter anderem Anzeigen, Werbespots und Webseiten, wohingegen mit indirekten Kontakten z.B. Empfehlungen und Meinungen von Dritten gemeint sind, wie Freunde und Bekannten, aber auch Bewertungsportale, Blogs und Foren (Ullah & Ullah, 2015, S. 9).

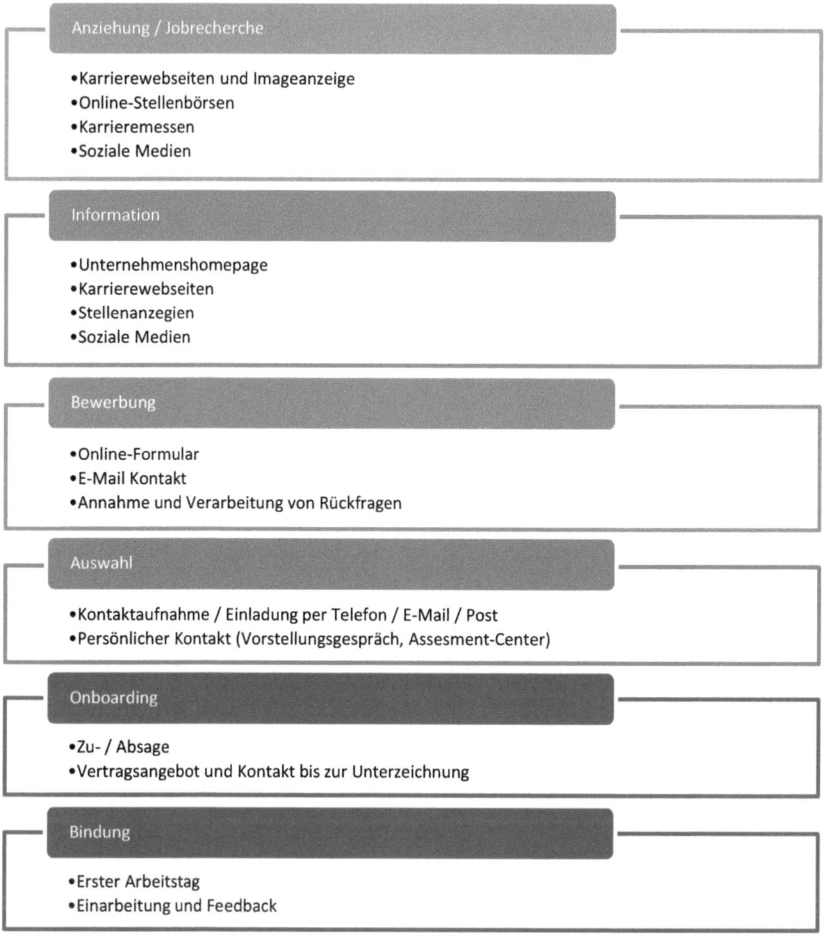

Anziehung / Jobrecherche

- Karrierewebseiten und Imageanzeige
- Online-Stellenbörsen
- Karrieremessen
- Soziale Medien

Information

- Unternehmenshomepage
- Karrierewebseiten
- Stellenanzegien
- Soziale Medien

Bewerbung

- Online-Formular
- E-Mail Kontakt
- Annahme und Verarbeitung von Rückfragen

Auswahl

- Kontaktaufnahme / Einladung per Telefon / E-Mail / Post
- Persönlicher Kontakt (Vorstellungsgespräch, Assesment-Center)

Onboarding

- Zu- / Absage
- Vertragsangebot und Kontakt bis zur Unterzeichnung

Bindung

- Erster Arbeitstag
- Einarbeitung und Feedback

Abbildung 5: Darstellung möglicher Touchpoints

(Quelle: Eigene Darstellung in Anlehnung an Athanas & Wald, 2014, S. 16)

Einige der Touchpoints kann der Arbeitgeber bewusst mitgestalten, andere nur indirekt beeinflussen. Unternehmen müssen sich bewusst und kontinuierlich mit den Bedürfnissen von Bewerbern auseinandersetzen, um eine zielführende Candidate Experience zu bieten. Durch regelmäßige Messung an allen (relevanten) Kontaktpunkten kann die Candidate Journey innerhalb eines Unternehmens dargestellt und ermittelt werden, wie die Candidate Experience für die

Bewerber aussieht. Hierbei zeigen sich auch Schwachstellen. Sie sollen aufge-
zeigt und ermittelt werden, an welchen Risikopunkten Bewerber eine Bewerbung zurückziehen. In der Regel wird dies in einem Candidate-Experience-
Projekt durchgeführt (Verhoeven, 2016, S. 60).

Neue digitale Möglichkeiten bieten sich für das Personalmarketing und neue
Ansätze für die Personalauswahl. Unter Recruiting wird der Prozess verstanden, offene Stellen innerhalb eines Unternehmens mit qualifizierten und moti-
vierten Kandidaten zu besetzen. Bei Recrutainment handelt es sich um einen
Kunstbegriff zusammengesetzt aus Recruiting und Entertainment (Diercks et
al., 2003, S. 127). Beschleunigt und begünstigt wird Recrutainment vom demo-
grafischen Wandel und die Verbreitung neuer digitaler Medien (Diercks & Kupka, 2013,S. 4).

Recrutainment ist ein Teilbereich von Gamification, beinhaltet aber explizit
„Fremdauswahlinstrumente", wie das Self- oder Online-Assessment (Diercks &
Kupka, 2013, S. 14). Der grundlegende Gedanke für den Einsatz von Recrutainment bei Vorgehensweisen und Vorgängen, die vordergründig nichts mit
Spielen zu tun haben, mit Spielen zu verknüpfen, besteht darin, sich, das
menschliche Verhalten gerne freiwillig und häufig zu spielen, zu Nutze zu ma-
chen (Dierks, Kupka & Flohr, 2015, S. 168).

Recrutainment ist eine neue Methode aus dem Personalmarketing, bei dem
unterhaltungswirksam spielerische-simulative und benutzerorientierte Elemente
unter anderem im Recruiting oder in der Berufsorientierung umgesetzt werden
(Diercks et al., 2003, S. 128). Es stehen dabei Information und Unterhaltung mit
einem „[...] konkreten Bezug zu einem Arbeitgeber, einer Ausbildungseinrichtung, Berufen/Berufsbildern oder Berufs- und Bildungswegen" im Mittelpunkt
(Diercks & Kupka, 2013, S. 17).

„Recrutainment dient der Verbesserung des Zusammenfindens von „passendem" Kandidat und „passendem" Arbeitgeber bzw. „passender" Ausbildungseinrichtung (Diercks & Kupka, 2013, S. 17)." Hierbei steht die Selbstselektion, also
die Auswahl des Unternehmens durch den Bewerber und nicht die Fremdselek-
tion, also die Auswahl von Bewerbern durch ein Unternehmen im Vordergrund.
Hauptsächlich wird die Steigerung der sozialen Validität fokussiert (Jansen,
2014, S. 68). Das Bewertungskriterium der sozialen Validität wird in Aufgabe

drei näher erörtert. Hinzu kommt, dass die Unterhaltung im Recrutainment kei-
nem Selbstweck dient. Es herrscht immer ein konkreter Bezug zu einem Arbeitgeber, einer Ausbildungseinrichtung, Berufen/Berufsbildern oder Berufs- und
Bildungswegen (Diercks & Kupka, 2013, S. 17).

Zum Recrutainment werden unter anderem Self-Assessment-Verfahren, wie
Selbsttest und Auswahlverfahren und -tests („Assessment") mit Information
und / oder Simulationscharakter, die online oder offline durchgeführt werden
hinzugezählt (Diercks & Kupka, 2013, S. 17). Unter Online-Recrutainment wird
die Mensch-Maschine Interaktion verstanden, bei Offline-Recrutainment-Events
findet eine physische Zusammenkunft von Menschen statt. Natürlich ist auch
eine „Blended" Form, also die Verbindung von Offline und Online-
Recrutainment möglich (Diercks & Kupka, 2013, S. 15).

Inzwischen haben einige der großen Firmen, wie die Commerzbank, die Luft-
hansa oder Gruner & Jahr Recrutainment-Applikationen in Ihre Personalmana-
gementstrategien mit eingeführt. (Diercks, 2013, S. 74). Oftmals sind diese auf
der Unternehmenswebseite zu finden oder über die Social-Media-Präsenz des
Unternehmens auf Webseiten, wie *Facebook*. Die Studie „Techniksprung in der
Rekrutierung" zeigte 2016 allerdings, dass weniger als 2,5% der befragten Unternehmen aktuell Online-Spiele im Self-Assessment einsetzen (Weitzel, 2016,
S. 11). Es ist zwar anzunehmen, dass es in den letzten vier Jahren eine Entwicklung in diesem Bereich gab, allerdings ist Recrutainment wahrscheinlich in
Deutschland noch immer unterrepräsentiert. Allerdings versuchen Unternehmen
im Anbetracht der bereits geschilderten Arbeitsmarktlage möglichst akzeptierte
Recruiting-Methoden und Auswahlverfahren zu verwenden (Diercks & Kupka,
2013, S. 4). Durch neue Webseiten (z. B. Xing), unterschiedlichen Medienmix
(z. B. Smartphones und Tablets), neue Nutzungsformen (z. B. Apps) und generell neue Simulationserfahren ermöglicht es Unternehmen eine komplett neue
interaktive Form von Onlineauftritten (Diercks & Kupka, 2013, S. 5).

Recrutainment wird beispielhaft vom Discountunternehmen Lidl benutzt. Inte-
ressierte, aber unschlüssige Auszubildende können per Test ermitteln, welcher
Ausbildungsberuf oder welches Duales Studium, die bei Lidl angeboten werden
zu ihnen passt.

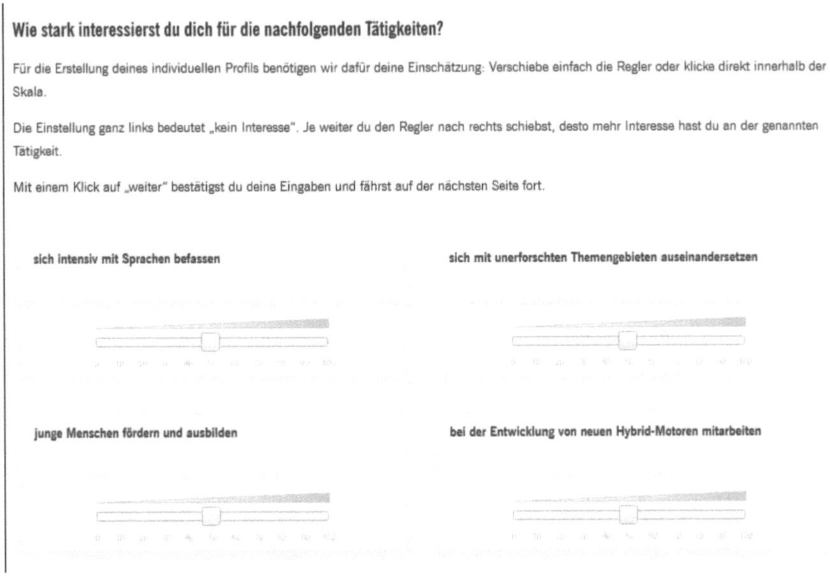

Wie stark interessierst du dich für die nachfolgenden Tätigkeiten?

Für die Erstellung deines individuellen Profils benötigen wir dafür deine Einschätzung: Verschiebe einfach die Regler oder klicke direkt innerhalb der Skala.

Die Einstellung ganz links bedeutet „kein Interesse". Je weiter du den Regler nach rechts schiebst, desto mehr Interesse hast du an der genannten Tätigkeit.

Mit einem Klick auf „weiter" bestätigst du deine Eingaben und fährst auf der nächsten Seite fort.

sich intensiv mit Sprachen befassen

sich mit unerforschten Themengebieten auseinandersetzen

junge Menschen fördern und ausbilden

bei der Entwicklung von neuen Hybrid-Motoren mitarbeiten

Abbildung 6: Beispiel für das Aussehen der Fragen
(Quelle: Lidl, o. D.)

Die Teilnahme ist freiwillig und anonym, es werden keine Daten an Lidl übermittelt. Es ist auch keine Anmeldung nötig. Kandidaten können allerdings am Ende ihre Ergebnisse als PDF für sich selbst speichern. Dies ermöglicht eine weitere Selbstreflektion über die Ergebnisse und ein Auseinandersetzen, ob die Ausbildung oder das Studium das Richtige ist. Ziel ist es, die Interessenten zu einer Bewerbung zu animieren und die Passung der Bewerber, also die Grundquote zu den ausgeschriebenen Stellen zu erhöhen (Jansen, 2014, S. 79).

Wie in Abbildung 6 beispielhaft dargestellt, beantworten die Interessenten eine Reihe von Fragen, indem sie eine Scala nutzen, um ihr Interesse an der gestellten Aussage auszudrücken. Am Ende erhält der Teilnehmer eine Übersicht mit der Skalierung seiner Interessen. Es findet dabei keine Wertung statt, es wird lediglich die unterschiedlichen Interessenslagen unterschiedlicher Personen dargestellt. Dadurch entsteht bei den Teilnehmern nicht das Gefühl etwas falsch gemacht zu haben.

Viele Möglichkeiten – und deine Chance auf einen Top-Berufsstart

Dein persönliches Profil ist fertig – vielen Dank für deine Einschätzungen. Hier haben wir dir eine Übersicht über deine Angaben zusammengestellt. Wenn du zu einem bestimmten Interessengebiet mehr wissen möchtest, klicke den Begriff einfach an.

Und weil es immer spannend ist, einmal über den eigenen Tellerrand zu blicken, haben wir dir Vergleichswerte zur Verfügung gestellt. Hier kannst du sehen, wie stark dein Interesse an den Tätigkeitsbereichen im Vergleich zu anderen Personen ausgeprägt ist.

Am Ende der Seite gelangst du per Mausklick zu einem Ranking, also deiner persönlichen Liste passender Ausbildungsberufe und Studiengänge. Klicke dazu einfach auf „weiter zum Ranking".

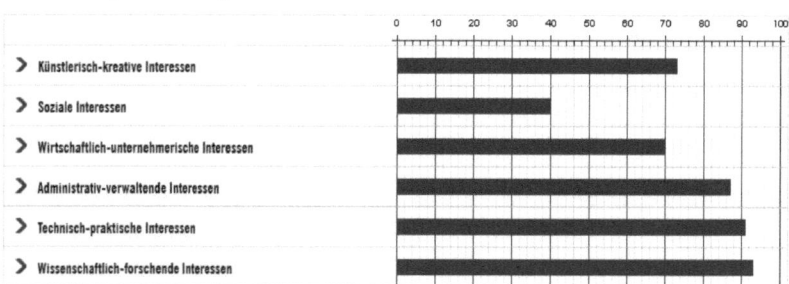

Abbildung 7: Beispielfeedback
(Quelle: Lidl, o. D.)

Die Webseite stellt auch ein Ranking zu den geeignetsten Ausbildungsberufen und Studiengängen bei Lidl zusammen. Im Anschluss darin ist es möglich sich Informationsvideos über die einzelnen Stellen anzuschauen und / oder sich direkt und unkompliziert zu bewerben. Die Webseite ist vielleicht nicht mit den innovativsten und interaktivsten Darstellungen ausgestattet, bietet aber alle Ansprüche die Interessenten haben. Allerdings ist die Webseite informativ, unterhaltsam und benutzerfreundlich und erfüllt somit die soziale Validität.

3 Aufgabe

Firmen investieren viel Zeit und Geld in eine systematische Rekrutierung und Selektion von Mitarbeitern und Führungskräften. Bei der Personalauswahl geht es darum, das Eignungspotenzial des Bewerbers herauszufinden, damit die Anforderungen der zu besetzenden Position bestmöglich erfüllt werden können. Zu den am häufigsten eingesetzten Instrumenten der Personalauswahl zählen unter anderem die Analyse von Bewerbungsunterlagen, strukturierte und unstrukturierte Interviews, Gruppengespräche, Leistungstest, Arbeitsproben und Assessment-Center (Schuler, Frier & Kauffmann, 1993, S. 34).

Wie alle eingesetzten Messverfahren müssen auch Personalauswahlverfahren die Kriterien Objektivität, Reliabilität und Validität erfüllen. Das Gütekriterium der Validität gibt darüber Auskunft, ob ein Auswahlverfahren tatsächlich das misst, was es messen sollte, also seinen Zweck erfüllt (Weuster, 2004, S. 15). Schuler und Stehle haben den klassischen Gütekriterien das Bewertungskriterium für Auswahlverfahren hinzugefügt: Die soziale Validität. Die soziale Validität beschreibt, weniger einen Zahlenwert als vielmehr das Maß der Fairness und der Akzeptanz, dass die teilnehmenden Kandidaten innerhalb eines eignungsdiagnostischen Personalauswahlverfahren empfinden. Nach Schuler und Stehle handelt es sich um einen Sammelbegriff, für das „was die eignungsdiagnostische Situation zu einer akzeptablen sozialen Situation macht" (1983, S. 35).

Die soziale Validität besteht aus folgenden vier Komponenten: Information, Partizipation, Transparenz und Urteilskommunikation. Diese Situationsparameter bilden das Konzept der sozialen Validität und können als unabhängige Variablen verstanden werden, „von denen erwartet wird, dass sie das Erleben und die Reaktion der Teilnehmer an Auswahlsituationen beeinflussen" (Schuler, 1990, S. 185).

Die soziale Validität in Form Akzeptanz bei einem Bewerber sollte für Unternehmen ein wichtiger und wesentlicher Faktor sein, um Bewerber zu begeistern und ein zielführendes Employer Branding erfolgreich zu implementieren. Geringe Akzeptanz führt dazu, dass potenzielle Bewerber abgeschreckt und Stellenangebote abgelehnt werden. Eine eignungsdiagnostische Situation soll somit zu einer akzeptablen sozialen Situation gemacht werden (Schuler & Stehle, 1983,

S. 35). Grundlegend trennen Bewerber den Bewerbungsprozess nicht von dem Unternehmen und der Vakanz. Es wird von allen Berührungspunkten auf das Image des Unternehmens bezogen. Unternehmen haben verschiedene Möglichkeiten den Kriterien gerecht zu werden und die soziale Validität von Personalbeurteilungen zu steigern. Die nachfolgende Abbildung gibt eine Übersicht über die einzelnen Aspekte der sozialen Akzeptanz.

Information

- über die Aufgabenbereiche der Tätigkeit
- über erfolgskritische Anforderungen
- über die wichtigsten Organisationsmerkmale und -ziele
- über Organisationskultur und -stil (z.B. Interaktion, Führung, Klima)
- über Möglichkeiten persönlicher und beruflicher Entwicklung und weitere Aspekte, die sich als bedeutsam für Leistung und Befinden erwiesen haben und Selbstselektion erleichtern

Partizipation

- im engeren Sinn als Beteiligung an der Gestaltung der Auswahlsituation oder -instumente oder an der Entscheidung (in entweder direkter oder repräsentativer Form, also etwa mittels Arbeitnehmervertretung)
- im weiteren Sinn als Möglichkeit Kontrolle über die Situation auszuüben oder über das eigene Verhalten oder die Entscheidung relevanter anderer oder verstanden als Freiheit von der Machtausübung anderer

Transparenz

- der Auswahlsituation incl. der handelnden Personen, ihrer Rollen, Intentionen und Kompetenzen sowie der Verhaltenserwartungen an die Bewerber
- der Bedeutung und des Aufgabenbezugs der diagnostischen Instrumente (dieser Aspekt ist der Augenscheingültigkeit eng verwandt)
- des Bewertungsprozesses und der Bewertungsregeln, d.h. der Beurteilungskriterien, Standards, Prinzipien des diagnostischen Schlusses und der Aggregation von Daten sowie der Transformation der Daten in Urteile oder der Urteile in Entscheidungen
- des diagnostischen Prozesses in einer Form, die Selbstbeurteilung begünstigt und in deren Konsequenz Selbstselektion erleichtert wird (wie beispielsweise durch Arbeitsproben oder via sozialem Vergleich im Assessment Center)

Urteilskommunikation (Feedback) bezogen auf Erfolgswahrscheinlichkeiten und Entwicklungsmöglichkeiten

- formal: verständlich (semantisch und pragmatisch), rücksichtsvoll, unterstützend; Selbsteinsicht, Integration in das Selbstkonzept und informierte Entscheidung der Kandidaten erleichternd

Abbildung 8: Beschreibung der vier Komponenten der sozialen Validität
(Quelle: Eigene Darstellung in Anlehnung an Schuler, 1990, S. 185)

Damit Unternehmen die Kriterien der sozialen Validität beachten können, muss als erstes ein Verständnis für diese entstehen. Das heißt, alle am Einstellungsprozess Verantwortlichen müssen sich mit der Thematik der sozialen Validität auseinandersetzen und ein Verständnis für die Sichtweise der Bewerber entwickeln. Außerdem stellt sich die Frage, welche Auswahlverfahren welche soziale Validität erreichen und wie eine optimale Auswahlsituation unter Berücksichtigung der sozialen Validität aussieht. So finden zum Beispiel Fähigkeits- und Leistungstest mehr Akzeptanz als Persönlichkeits- und Interessentests (Schuler, 1990, S. 190).

Nach einer Studie vom Fruhner, Schuler, Funke und Moser (zitiert nach Schuler, 1990, S. 184) wurde das Vorstellungsgespräch am meisten präferiert, gefolgt von der Arbeitsprobe und des Praktikums. Dabei werden auch mündlich, im Gegensatz zu schriftlich weitergegebene Informationen bevorzugt und als glaubwürdiger angesehen (Schuler, 1990, S. 190). Dies zeigt beispielhaft mit welchen Fragen sich Unternehmen bei der Förderung der Akzeptanz von Auswahlprozessen auseinandersetzen müssen. Als Grundlage kann hier zum Beispiel die Beschreibung der sozialen Akzeptanz aus Abbildung acht dienten. Wie bereits in Aufgabe zwei dargestellt, hat soziale Validität einen Einfluss auf das Recrutainment, allerdings dürfte sich diese nicht nur auf den Auswahlprozess beschränken (Schuler, 1990. S. 190).

Das Candidate Experience Management kann erfolgsentscheidend Rekrutierungsprozess sein. Wie bereits vorab in dieser Arbeit dargestellt, müssen sich inzwischen Unternehmen um Kandidaten und dessen Fähigkeiten bewerben. Deswegen ist es für Unternehmen entscheidend sich auf Wünsche und Bedürfnisse von Bewerbern einzustellen. Athanas und Wald (2014) fassten die Gründe, warum die Candidate Experience für Unternehmen von Bedeutung ist, wie folgt zusammen:

- Liefert Ansatzpunkte aus der Kandidatensicht für ein besseres Recruiting
- Hilft Bewerbungsabbrüche zu reduzieren
- Trägt dazu bei, die Reputation des Arbeitgebers abzusichern
- Verbessert die Chancen darauf passende Top-Kandidaten zu rekrutieren

- Stellt die Übersetzung der Arbeitgebermarke in konsistentes Handeln der Unternehmensvertreter dar und prägt so die Glaubwürdigkeit des Employer Brands (Athanas & Wald, 2014)

Durch die Candidate Experience Management kann die Perspektive des Kandidaten innerhalb des Rekrutierungsprozesses eingenommen werden. Dies ermöglicht eine schrittweise Analyse des gesamten Prozesses aus einem neuen Blickwinkel. Wie bereits vorab dargestellt, gibt es inzwischen einige Studien, die Erfahrungen von (potenziellen) Bewerbern analysierten. Diese zeigen, welchen Fokus Kandidaten innerhalb ihrer Candidate Journey legten und was für sie ausschlaggebend bei der Bewertung des Unternehmens und der Position war. Die Beschäftigung mit diesen Einflussfaktoren kann erfolgsentscheidend für den Rekrutierungsprozess sein. Das Candidate Experience Management legt dabei auf die sachlichen und prozessualen Aspekte wert, schärft aber auch den Fokus der emotionalen Aspekte. Somit wird die Beziehung zu einem Kandidaten zur Schlüsselgröße innerhalb der Candidate Experience (Athanas & Wald, 2014).

Unternehmen müssen immer mehr akzeptieren, dass die Candidate Experience zunehmend an Bedeutung gewinnt. Auch ein nicht gänzlich vollzogener Bewerbungsprozess kann negative und positive Konsequenzen haben, unter anderem durch Einträge in Foren, *wie Kununu,* und Empfehlungen gegenüber Dritten. Unternehmen, die Lernen auf die Bedürfnisse und Wünsche von Kandidaten einzugehen, können darüber hinaus positiven Effekt für sich selbst erzielen. Inzwischen gibt es eine Reihe von Studien, die sich mit der Wichtigkeit von einer positiven Candidate Experience befassen. Als Beispiel wäre die Studie des Centre of Human Resources Information Systems (CHRIS der Universität Bamberg und der Friedrich-Alexander-Universität Erlangen-Nürnberg) zu nennen, die im Auftrag von Monster Worldwide Deutschland GmbH durchgeführt werden (Weitzel et al., 2019). Studien, wie diese können in Unternehmen Verständnis für die jeweilige Situation schaffen. Ein kontinuierliches Candidate Experience Management kann nachhaltig den Rekrutierungsprozess verbessern und somit neue Potenziale auf dem aktuell angespannten Arbeitsmarkt für Unternehmen bieten.

Literaturverzeichnis

Athanas, C. & Wald, P. (2014). Candidate Experience Studie –
Zusammenfassung der Ergebnisse der Studie zum Bewerbungserleben von
Kandidaten in Deutschland und Ableitung von Schlussfolgerungen für Re-
cruitingstrategien, sowie Employer Branding. Abgerufen am 08.05.2020.
Verfügbar unter
2014.URL:http://ea.newscpt3.de/_doi_conf.php?&spw=ed69906447a4b3a63
1c6f6065e7cfa5a&sslid=489633283

Bundesministerium für Wirtschaft und Energie (n.D.). *Fachkräfte für Deutschland.* Abgerufen am 04.05.2020. Verfügbar unter
https://www.bmwi.de/Redaktion/DE/Dossier/fachkraeftesicherung.html

Diercks, J., Eingel, S., Jägeler T. & Weber, A. (2003). Vorteile und Nutzenpo-
tentiale kombinierter Recruiting- und Marketinganwendungen. Ein Praxisbei-
spiel für Recrutainment: Cyquest „Die Karrierejagd durchs Netz". In E-
Recruitment und E-Assessment. Konradt, U., Sarges, W. (Hrsg.) (S. 127 –
144). Göttingen: Springer.

Diercks, J., Kupka, K. & Flohr, B. (2015). Die Game-Generation: Warum Recrutainment und Online-Assessments für Employer Branding und Recruiting
immer wichtiger werden. In Hesse, G. & Mattmüller H. (Hrsg.), *Perspektivwechsel im Employer Branding* (S. 165–182). Wiesbaden: Springer Fach-
medien.

Diercks, J. & Kupka, K. (2013). Recrutainment – Bedeutung, Einglussfakroten
und Begriffsbestimmung. In Diercks, J. & Kupka, K, (Hrsg.), *Recrutainment.
Spielerische Ansätze in Personalmarketing und -auswahl.* (S. 1-18). Wiesbaden: Springer.

Diercks, J. (2013). Warum Personalauswahl ein beidseitiger Prozess ist: Verbesserung der Selbstauswahl durch Self-Assessment-Verfahren und Be-
rufsorientierungsspiele. *In Recrutainment. Spielerische Ansätze in Personalmarketing und -auswahl.* (S. 67-83). Wiesbaden: Springer.

Eisele, D. & Weller-Hirsch, L. (2014). Online Recruiting Studie 2014. Abgerufen
am 03.05.2020. Verfügbar unter https://www.softgarden.de/wp-
content/uploads/studien/Studie-Online-Recruiting-Studie-2014.pdf

Hays (2019). *Fachkräftemangel in Deutschland. Unterschätzt oder Aufge-
bauscht.* Abgerufen am 29.04.2020. Verfügbar unter
https://www.hays.de/personaldienstleistung-aktuell/studie/studie-
fachkraeftemangel-hays-2019

Jansen, L. (2014). *Personalpsychology,* 1. Auflage, Studienbrief der SRH Fernhochschule. Riedlingen.

Lidl (o.D.) *Willkommen beim Lidl INTERESSENTEST.* Abgerufen am
06.05.2020. Verfügbar unter https://lidl.cyquest.net/interessentest/

Michaels, E., Handfield-Jones, H. & Axelrod, B. (2001). *The war for Talent.* Boston: Harvard Business School Press.

Prandtner, S. & Schwabl, T. (2019). *War for Talents. 360-Grad.Studie: Arbeitnehmer/Arbeitnehmer.* Abgerufen am 03.05.2020. Verfügbar unter http://blog.wifiwien.at/wp-content/uploads/2019/03/War-for-talents_WIFI-Wien.pdf

Schuler, H. (1990). Personenauswahl aus der Sicht der Bewerber: Zum Erleben eignungsdiagnostischer Situationen. Zeitschrift für Arbeits- und Organisationspsychologie, 34. Jg, S. 134-191.

Schuler, H. & Stehle, W. (1983). Neue Entwicklung des Assessment-Center-Ansatzes – Beurteilung unter dem Aspekt der sozialen Validität. *Arbeits- und Organisationspsychologie*, Ausgabe 27, S. 33-44.

Schuler, H., Frier, D. & Kauffmann, M. (1993). *Personalauswahl im europäischem Vergleich.* Göttingen: Verlag für Angewandte Psychologie.

Ullah, M. & Ullah, R. (2015). Erfolgsfaktor Candidate Experience. Der Perspektivwechsel im Recruiting. Stuttgart: Schäffer-Poeschel Verlag.

Verhoeven, T. (2020). Digitale Candidate Experience. In Verhoeven (Hrsg.), *Digitalisierung im Recruiting. Wie sich Recruiting durch künstliche Intelligenz, Algorithmen und Bots verändern* (S. 51–66) Wiesbaden: Springer Gabler.

Verhoeven, T. (Hrsg.). (2016). *Candidate experience – Ansätze für eine positiv erlebte Arbeitgebermarke im Bewerbungsprozess und darüber hinaus.* Wiesbaden: Springer Gabler.

Weuster, A. (2004). *Personalauswahl. Anforderungsprofil, Bewerbersuche, Vorauswahl und Vorstellungsgespräch.* 2. Aufl. Wiesbaden. Gabler.

Weitzel, T., Maier, C., Oehlhorn, C., Weinert, C., Wirth, J. & Laumer, S. (2019). *Employer Branding.* Abgerufen am 04.05.2020. Verfügbar unter https://www.uni-bamberg.de/fileadmin/uni/fakultaeten/wiai_lehrstuehle/isdl/Studien_2019_03_Employer_Branding_Web.pdf

Weitzel, T., Laumer, S., Maier, C., Oehlhorn, C., Wirth, J. & Weinert, C. (2016). *Techniksprung in der Rekrutierung.* Abgerufen am 06.05.2020. Verfügbar unter https://www.uni-bamberg.de/fileadmin/uni/fakultaeten/wiai_lehrstuehle/isdl/Recruiting_Trends_2016_-_Techniksprung_in_der_Rekrutierung_v_WEB.PDF

Weitzel, T., Eckhardt, A., Laumer, S., Maier, C., Stetten & Maier, C. (2015). *Recruiting Trends 2015.* Abgerufen am 06.05.2020. Verfügbar unter http://nbn-resolving.de/urn:nbn:de:bvb:473-opus4-262833